AF263932

127 n
22954

STANISLAS PRIOUX

Paris.—Imprimé chez Jules Bonaventure,
quai les Grands-Augustins, 55.

STANISLAS
PRIOUX

MEMBRE CORRESPONDANT
DU MINISTÈRE DE L'INSTRUCTION PUBLIQUE POUR LES TRAVAUX HISTORIQUES,
MEMBRE DE LA SOCIÉTÉ ARCHÉOLOGIQUE DE SOISSONS,
DE LA SOCIÉTÉ ACADÉMIQUE DE LAON,
DE LA SOCIÉTÉ ANTHROPOLOGIQUE DE PARIS, ETC., ETC.

PAR

M. JEAN WALLON

PARIS

1867

DÉPOT LÉGAL

Cette Notice a d'abord paru en tête du Catalogue de la Bibliothèque de Stanislas Prioux, dont la vente a eu lieu le 29 novembre 1866.

Lorsque parut, en 1855, le premier volume de la grande *Histoire de France* de M. Henri Martin, ce fut, pour un ouvrage aussi considérable, un succès de librairie sans exemple. « Cela prouve, disait Augustin Thierry, combien on aime l'histoire en France. » On en peut dire autant de la collection que nous annonçons. Elle atteste non-seulement qu'on aime l'histoire, mais que dans tous les rangs, dans toutes les classes, on la cultive avec ardeur, comme pour réparer l'injustice de l'avoir trop négligée autrefois. Sous le nom savant d'archéologie, les études historiques tiennent aujourd'hui, dans le mouvement des idées, la place que tenait, au dix-huitième siècle, ce qu'on appelait alors la philosophie. Elles sont devenues la préoccupation dominante, et certes nous n'aurions qu'à nous en féliciter si trop souvent, comme le disait encore Augustin Thierry, les archéologues de province, privés de contrôle et de méthode, n'épuisaient leur temps et leurs veilles à prouver que deux et deux font quatre ou que deux et deux font cinq, deux choses également superflues. Malgré cela, l'illustre historien n'en regardait pas moins avec bienveillance tous les efforts faits à bonne intention, et spécialement ceux dont nous allons dire un mot.

Né dans un petit village du Soissonnais, à Limé, près Braine, le 5 juin 1816, Louis-Stanislas Prioux ne semblait pas préparé, par ses études, ses occupations, ses travaux, à s'associer, même de loin, au grand mouvement historique de notre époque. Et pourtant il s'y porta de lui-même dès qu'il le put. Après avoir puisé dans une pension de Braine toutes les connaissances qu'on y pouvait acquérir, il vint à Paris, n'ayant pas encore dix-huit ans, comme simple employé d'abord, dans la maison de commerce de papiers en gros qu'il devait plus tard reprendre, tenir, accroître, et à la tête de laquelle la mort est venue subitement le frapper, le 6 mars 1866. Sa vie s'est donc écoulée tout entière entre ses goûts et ses devoirs. Le temps que d'autres donnent, soit à un repos nécessaire, soit à des plaisirs légitimes, il le consacrait, au risque d'abréger ses jours, à ses recherches de prédilection, et tant qu'il vécut, ayant fait deux parts de sa vie, il s'efforça de mener de front deux choses rarement d'accord : les études et les affaires. C'est ainsi qu'il put sans doute, à son arrivée à Paris, compléter son instruction et publier, dès l'année 1846, à peine âgé de trente ans, une *Histoire de Braine*, qu'illustra de quatre gravures sur acier son ami d'enfance, Jules Roze, dont le souvenir ou le nom doit trouver place à côté du sien. Déjà l'année précédente, toujours fidèle aux premières et pures impressions de sa jeunesse, il avait eu le bonheur, qu'il souhaitait ardemment, d'obtenir en mariage une cousine du même pays que lui, à laquelle il dut, outre les douces joies d'un bon intérieur, les soins les plus affectueux comme les plus empressés, et qui, jeune encore, lui survit afin d'achever l'éducation des deux enfants nés de cette union, et pour l'un desquels on sollicite, sous la haute protection de M. Drouyn de Lhuys, une bourse au lycée Louis-le-Grand.

Bientôt 1848, en nous faisant citoyens, nous fit aussi soldats. Chaque jour il fallut défendre son bien, son repos ou sa vie. Habiles ou naïfs, hommes d'ordre ou de révolution, car alors l'antithèse naturelle de la république s'appelait d'un commun accord le parti de l'ordre, les Parisiens originaires du département de l'Aisne essayèrent, sous le nom de *Club de l'Aisne*, de se réunir et de se reconnaître au milieu de la confusion générale. C'est là que je vis Stanislas Prioux pour la première fois, et que mon activité pour les autres rencontra son activité pour Braine. Le club ne survécut point aux journées de juin, mais notre amitié subsista, se resserra même, et je puis dire que jusqu'à sa mort il me communiqua aussi bien ses projets que ses travaux.

Doué d'une activité prodigieuse, animé, quoi qu'il entreprît, du désir de se distinguer et du besoin de s'élever toujours, sous les yeux d'un père qu'entourent,

avec de bien vives sympathies, l'estime et l'affection
de tous, Stanislas Prioux était porté, soutenu dans
ses études par l'amour du pays natal qu'il avait
à un degré peu commun. Sa famille est, en effet,
l'une des plus anciennes du pays. On rencontre assez
souvent le nom de Prioux dans des chartes des xve et
xvie siècles, et bien qu'il n'eût aucune vanité de ce
genre, il eût pu faire remonter sa roture beaucoup
plus haut que la gentilhommerie de la plupart des
hobereaux ses voisins ; mais, homme d'intelligence
et de cœur, il savait que nos meilleurs titres sont en
nous-même. Aussi toutes ses affections se concen-
traient-elles sur Limé, Braine et Soissons, et, en dehors de ses affaires, auxquelles il se consacrait tout
le jour, les choses ne l'intéressaient guère que dans
la mesure où elles pouvaient intéresser le Soissonnais. En un mot, il avait fait de son clocher le centre
du monde, et, même aujourd'hui, ses amis ne sau-
raient avoir la pensée d'en sourire, tant, chez lui, ce
sentiment était profond, simple et touchant. On peut
donc dire que s'il ambitionnait quelque chose ,
c'était encore plus pour honorer son pays que par
vanité pour lui-même.

C'est ainsi que, sans avoir alors aucune arrière-
pensée politique, son premier livre fut naturellement
une *Histoire de Braine*, et qu'après avoir fait paraître,
en 1847, *Grégoire de Tours au concile de Braine*, et,
en 1858 , la *Monographie de l'Abbaye Royale de
Saint-Yved de Braine* , la mort, lorsqu'elle vint
l'arrêter, le trouva corrigeant la dernière feuille du

Cartulaire de Saint-Yved de Braine, que la Société archéologique de Soissons, à laquelle ont été confiés, par l'obligeante entremise de M. Fossé-Darcosse, les deux seuls exemplaires d'épreuves qui en existent, tiendra sans doute à honneur de publier. Pendant vingt-trois ans, on le voit, il n'a eu qu'une seule pensée, un seul but : glorifier son bourg natal, soit en s'efforçant d'en faire revivre les célébrités et l'histoire, soit en décrivant ses églises et ses antiquités, soit en provoquant la réparation de ses monuments ; et maintenant qu'il n'est plus là pour stimuler l'activité des uns, réveiller le zèle languissant des autres, on peut déjà mesurer le vide regrettable qu'il laisse dès à présent derrière lui.

Petit de taille, mais fort et trapu, brun, la physionomie ouverte, les yeux grands, vifs et noirs, pleins d'ardeur et de feu, il semblait dire en lui-même, comme le surintendant Fouquet : *quò non ascendam*, où n'arriverai-je pas ? et mettre au service de ses aspirations grandissantes une opiniâtreté tacite et patiente, mais infatigable. Accueillant et bienveillant d'ailleurs, il se faisait volontiers des amis, et il en sentait le prix, car, si prodigieuse que fût son activité, il avait besoin d'aide et de conseils, qui ne pouvaient sans doute modifier sensiblement ses projets ou ses vues, mais qui le forçaient lui-même à les mieux concevoir. On a trouvé dans ses papiers un grand nombre de chartes copiées ou traduites par des mains étrangères, des descriptions de médailles, des recherches, des aperçus, des notices, beaucoup de matériaux à mettre en œuvre. Il avait fait extraire des Archives de l'Aisne et de la Marne toutes les pièces concernant l'abbaye de Braine, ses propriétés, ses titres et ses revenus, volumineux recueils dont la copie, formant trois gros cahiers in-4°, doit se trouver au ministère de l'Instruction publique comme pièces justificatives jointes au *Cartulaire*, et il avait également recueilli sur les fiefs composant la seigneurie de Limé la plupart des pièces manuscrites existantes. Un pareil zèle méritait bien d'être encouragé et récompensé.

En 1853, après avoir fait paraître son *Histoire de saint Hubert*, il voulut que je le présentasse à Augustin Thierry, dont la bienveillance lui fit d'abord obtenir le titre de membre correspondant du ministère de l'Instruction publique et, trois ans après, une mission honoraire en Angleterre. En 1854, il fit imprimer le premier volume de *Pierre Mauclerc*, qui ne fut jamais terminé ni publié, puis donna en 1855, à l'*Argus soissonnais*, une assez longue étude sur *la Bataille de Bouvines*. Enfin nous entreprîmes ensemble, en 1856, le voyage très-rapide d'Oxford, pour aller relever à la bibliothèque Bodleienne, dans les cartons Gaignières, les magnifiques tombes qui devaient illustrer sa belle monographie de Saint-Yved. Sur la présentation de M. Parker, bien connu et très-regretté des archéologues, nous reçûmes partout la plus gracieuse hospitalité. On nous honora même, comme érudits en mission, d'un banquet auquel nous répondîmes de notre mieux. Quant à moi, tandis que, pour me conformer à un désir que m'avait souvent exprimé **M.** Etienne Quatremère, dont j'étais un peu l'élève et beaucoup l'ami, je cherchais à savoir si le Dr Pusey réfuterait les opinions si singulières de **M.** Renan sur les races et les langues sémitiques, le pieux et modeste savant me fit connaître que nous avions au séminaire de Saint-Sulpice, en France, l'orientaliste qui pouvait le mieux aborder ce difficile sujet. Puis, très-préoccupé déjà des violences ultramontaines sous lesquelles tremblait chez nous l'épiscopat, et que, par le plus funeste des aveuglements politiques, le gouvernement semblait alors encourager, j'acquis dans ce voyage d'Oxford la certitude que, semblable au piétisme de Berlin dont je m'occupais aussi, le puséisme nous tendrait volontiers la main si nous parvenions à soustraire nos traditions et nos bréviaires à la vengeance des nouveaux fanatiques, et par là je compris, mieux encore que je ne l'avais fait jusque-là, l'importance et la sagesse, au point de vue même de notre influence au dehors, de nos vieilles doctrines gallicanes toujours jeunes, quoi qu'en disent ceux qui les ignorent, et qu'ont éprouvées et confirmées tant de siècles.

A son retour d'Oxford, Stanislas Prioux publia la *Villa Brennacum*, pour établir l'identité entre la *Braine* moderne et le *Brennacum* de Grégoire de Tours; et l'Académie des Inscriptions et Belles-Lettres, dans son rapport sur le concours annuel, voulut bien distinguer la méthode historique et critique de ce travail. L'année suivante il fit paraître une notice sur

Matthieu Herbelin, religieux Prémontré du xvi⁰ siècle, à qui l'on doit, outre la copie de beaucoup de chartes, une *Histoire des comtes de Dreux et de Braine*, restée manuscrite, et il entreprit, en 1859, une notice analogue sur le bibliographe collectionneur Claude-Robert Jardel, aussi de Braine et ami de l'abbé Mercier de Saint-Léger. Enfin l'année 1860 vit paraître deux notices intitulées, l'une *la Villa d'Ancy et la cense de Bruyères*, l'autre *le Château de la Folie de Braine et le village de Cerseuil*.

Mais les deux ouvrages de Stanislas Prioux qui resteront à la fois les plus intéressants comme les plus importants travaux de sa laborieuse existence, et que l'Institut de France honora tous les deux d'une mention très-honorable, sont sans contredit la *Monographie de l'abbaye de Saint-Yved de Braine*, ouvrage in-folio avec planches en chromo-lithographie, qui parut en 1859, et la *Civitas Suessionum*, mémoire in-4° avec carte, publié en 1863, pour être soumis à la commission de la carte des Gaules, ainsi que le *Tumulus de Limé*, en 1861, le *Répertoire archéologique du canton de Braine*, en 1863, et le *Cimetière gallo-romain de la villa d'Ancy*, en 1864. Nous n'analyserons point ces différents travaux, sur le mérite desquels il ne nous appartient pas de nous prononcer. Il n'y a que la *Société archéologique* de Soissons qui puisse en parler avec autorité et compétence. Stanislas Prioux était, sans le prétendre, de l'école de nos nouveaux bénédictins, qui prennent à tâche de faire oublier les anciens. Selon don Guéranger, leur fondateur et leur chef, la critique historique, bien comprise, n'offre pas de difficultés. Elle n'a que deux règles, à l'aide desquelles, faisant école, il a tout remis en question et qu'il formule ainsi : « En histoire, tout ce qui est favorable au Saint-Siége est vrai *à priori,* il faut le soutenir; tout ce qui lui est contraire est faux, il faut le combattre. » La Rome de Stanislas Prioux était Braine; il n'en parlait qu'avec les accents de la foi, souvent peu compétente en érudition.

Pourquoi ne dirais-je pas à ce propos qu'il fut pendant plusieurs années l'un des auditeurs assidus du P. Félix, alors que, grâce à l'influence française et au libéralisme relatif du P. de Ravignan et du P. Chastel, la Compagnie de Jésus ne condamnait pas absolument les *idées modernes*, et que l'illustre prédicateur de Notre-Dame, plus personnel dans ses opinions que soumis à la direction de ses chefs, ne craignait pas de prophétiser le progrès et rencontrait dans l'expression de ses convictions propres des traits voisins de la véritable éloquence. Nous allâmes même plusieurs fois ensemble le visiter dans sa cellule et faire acte de chrétiens. Mais peu à peu l'ultramontanisme reprenant son empire, on vit les solennités de Notre-Dame changer de caractère, et les assistants de Lacordaire et de Ravignan faire place à un public où l'on comptait beaucoup plus d'appelés que d'élus.

Si Stanislas Prioux, en entreprenant en 1852 son histoire de *Pierre Mauclerc,* qui devait lui permettre de passer en revue tout le xiiie siècle, avait un mo-

ment caressé la pensée d'aborder le grand style historique, il ne fut pas longtemps à s'apercevoir que
ses affaires ne lui permettaient pas de se consacrer
exclusivement à de pareilles études, et il se renferma
bientôt dans le genre plus accessible de la notice
archéologique. Les succès qu'il y obtint lui firent
peut-être illusion, et il put prendre un jour les en-
couragements qu'il recevait pour des promesses ou
des espérances d'avenir; mais un incident ne tarda
pas non plus à lui montrer que ses ambitions faisaient
fausse route. A ses titres de membre correspondant
du Ministère de l'Instruction publique, de membre
titulaire de la Société académique de Laon et de la
Société archéologique de Soissons, de co-proprié-
taire rédacteur de la Revue archéologique de Paris,
qu'il avait, en 1860, réorganisée avec M. Pillet et
M. Didier, sous la direction de MM. Bertrand et
Alfred Maury, il voulut joindre le titre plus honorable
encore de membre de la Société des Antiquaires de
France, dans laquelle il avait lieu de compter plusieurs amis. Mais il rencontra là une opposition
sourde, des obstacles imprévus qui l'aigrirent un peu
et dirigèrent d'un autre côté ses efforts. Devenu, par
cela même, ombrageux et par suite plus opiniâtre
dans ses jugements et plus réfractaire aux conseils,
il se créa du même coup moins de satisfactions et
des difficultés plus grandes. Dès lors, sans renoncer
aux études qui faisaient sa passion et sa vie, il s'oc-
cupa davantage des intérêts politiques et administra-
tifs de sa commune, ou pour mieux dire il combina

les deux choses, allant tour à tour des séances de la commission de la carte des Gaules ou de l'Académie des Inscriptions et Belles-Lettres à celles du conseil municipal de Limé, dont il fut maire quelques mois avant sa mort, et poursuivant avec la même ardeur tantôt des fouilles ou des recherches d'antiquités mérovingiennes ou gallo-romaines dans son canton, tantôt la direction d'une importante fabrique de papiers, à Courlandon, sur la frontière du Soissonnais, où il se rendait toutes les semaines, et qui devait, disait-il, faire avant peu la richesse du pays. Evidemment il ouvrait devant lui des horizons nouveaux que rien ne bornait à ses yeux, et si les mêmes succès récompensaient au début son activité bien conduite, les mêmes ombrages devaient aussi, en l'abandonnant ensuite à lui-même, ralentir ou contrarier sa marche. Cependant la mort seule pouvait arrêter son ardeur et briser son courage.

L'histoire lui avait fait connaître l'existence d'un religieux de Saint-Jean-des-Vignes, Henri de Saureux, moine fanatique, d'humeur guerrière, très-compromis dans la Ligue, qui, obligé de se réfugier d'abord dans les Flandres, puis en Espagne, avait fondé l'église et l'hôpital de Saint-Louis-des-Français à Madrid. Stanislas Prioux profita de cette circonstance pour demander et obtenir de M. Drouyn de Lhuys qu'on fît venir d'Espagne toutes les pièces relatives à cette fondation, et ces pièces ont dû être publiées, au moins en extraits, dans le Bulletin de la Société archéologique de Soissons. Une autre circonstance également fortuite lui apprit, dans les séances de la Société d'acclimatation, dont il était membre, ainsi que de la Société d'anthropologie, et auxquelles il assistait volontiers, le nom de l'abbé Manesse, curé de Soupir, prêtre, médecin, chirurgien, prieur et naturaliste, comme on l'était au xviiie siècle, et qui, pour étudier les oiseaux, s'était en quelque sorte fait oiseau lui-même. Il n'en fallut pas davantage à Stanislas Prioux pour se consacrer à la biographie de ce persévérant observateur, à qui l'on doit sur l'ovologie d'intéressants travaux, que l'on conserve manuscrits à la bibliothèque du Muséum d'histoire naturelle, et dont une copie incomplète s'est rencontrée à la vente de M. Arthur Dinaux, qui avait eu tous ses papiers entre les mains. Non content de faire venir des Académies d'Erfurth et de Saint-Pétersbourg les diplômes de l'abbé Manesse, qui avait été membre de ces corps savants pendant l'émigration, et de rassembler un grand nombre de matériaux sur cette existence tout à fait oubliée avant lui, Stanislas Prioux obtint que sa tombe serait réparée et sa mémoire remise en honneur par la Société archéologique de Soissons.

On citerait de sa part beaucoup de traits aussi méritoires. Il avait vraiment le culte des gloires et des célébrités locales. Les journaux de Soissons et de Laon recevaient assez fréquemment des articles, notes ou notices qu'il leur adressait, soit sur les hommes, soit sur les choses à mettre en lumière. Ici, c'était un musée qu'il fallait fonder; là, des fouilles

qu'il était bon de commencer ou de poursuivre ;
ailleurs, il s'agissait d'antiquités à acquérir ou de
monuments à réparer. Stanislas Prioux portait partout son zèle, son activité, son concours. Bien que
les nombreux et curieux carnets de l'abbé Lecomte
lui aient été d'une grande utilité pour dresser le *Répertoire archéologique* des cantons de Braine, Oulchy-
le-Château et Vailly, il ne laissa pas que d'aller
mesurer et visiter un grand nombre d'églises et d'antiquités du Soissonnais, afin de s'en rendre compte
par lui-même. Nous devons à ces excursions infati-
gables, outre un grand nombre de notices insérées
dans les Bulletins des sociétés de Soissons et de Laon,
le *Cimetière gallo-romain d'Ancy*, les *Antiquités de
Bazoches*, *l'Eglise romane de Saint-Thibaut de Bazoches*, et des *Recherches sur le capitaine Nicolas
de Rieux*, qui parurent en 1864. Naturellement
désigné pour représenter la Société archéologique de Soissons au congrès des académies de province et aux assises annuelles des Délégués des Sociétés savantes à la Sorbonne, il fit, pour être lues
dans ces savantes réunions que préside d'habitude le
Ministre lui-même, de courtes notices comme le
Sieur de Rieux (en 1864)et la *Chasuble du Miracle*
(en 1865). De plus, il ne se passait guère de mois
qu'il n'envoyât au Comité historique dont il était
membre correspondant, en les accompagnant de
commentaires ou de notes, quelques-unes de ces
nombreuses pièces ou chartes qu'il ne cessait de
recueillir.

Voilà comment il put, en si peu de temps, puisqu'il n'avait pas encore cinquante ans lorsqu'il est mort, marquer sa place dans tant de voies différentes. Sans mesurer ses forces qui semblaient grandes, il se multipliait lui-même en consacrant tous ses instants, soit à l'étude, soit aux affaires ; et, quand on lui parlait de se ménager, il aurait volontiers répondu comme le grand Arnauld : « N'avons-nous pas l'éternité pour nous reposer ? » J'avoue que cette ardeur m'inspirait toujours une vive sympathie. « Le temps et l'argent que d'autres donnent à leurs plaisirs, disait-il, je les sacrifie comme eux, mais les plaisirs sont différents. » Pour lui, en effet, se reposer c'était changer de labeur ; ses distractions même concouraient à ses projets, et ce qui prouve bien que ce n'était point le seul fait d'une ambition vulgaire, c'est que, quoiqu'il fît, il y apportait, avec le même zèle, le même besoin de se distinguer et d'être utile.

A peine membre de la Société archéologique de Soissons, en 1856, il fit trancher la question de l'organisation du Musée, insoluble depuis plus de dix ans, et on le vit, dans un hiver, aller, malgré la neige, chercher une borne milliaire dans les champs et la faire transporter lui-même à Soissons. Aucune recherche, aucune trouvaille, aucune fouille ne pouvait avoir lieu qu'il n'en prît aussitôt connaissance. Qui ne se rappelle, dans un autre ordre d'idées, le zèle dont il fit preuve pour la loterie de Msgr de Garsignies, et qui lui valut la bienveillance de cet aimable prélat ? Plus tard il en organisa une à son tour en vue de faire rebâtir ou restaurer l'église de son village, et ce fut encore lui qui, par son entraînante activité, provoqua ou procura la plupart des lots. Puis, ayant sollicité du premier chapelain de l'Empereur, M. l'abbé Mullois, que ses affaires lui permettaient souvent d'obliger, la promesse bientôt effectuée qu'il viendrait se faire entendre à Braine, celui-ci, sur ses instances, daigna compléter sa bonne œuvre en obtenant de la gracieuse munificence de l'Impératrice un magnifique ostensoir pour la pauvre église de Limé.

Vers le même temps, Stanislas Prioux constitua un premier fonds de bibliothèque pour sa commune, et il obtint plus tard du ministère qu'on achevât cette fondation par l'envoi de livres spéciaux. Ce qu'il fit pendant plus de dix ans, avec une persévérance opiniâtre, de sollicitations et de démarches dans les ministères de la Maison de l'Empereur, de la Justice et des Cultes, et de l'Instruction publique, pour faire rendre au curé-doyen de Braine le titre de chanoine honoraire de Saint-Denis, qu'avaient autrefois ses prédécesseurs comme gardiens des tombes royales de Saint-Yved, et pour obtenir ensuite du gouvernement, de compte à demi avec la commune, la restauration de l'église Saint-Yved de Braine, est incalculable; et l'on a pu voir de quels obstacles sans nombre, soit à Braine, soit à Paris, il était parvenu à triompher pour sauver ce beau monument de la ruine, puisqu'à peine eut-il été appelé à une vie moins pénible, les travaux cessèrent tout-à-coup. Enfin, comme dernier trait, je dirai qu'étant devenu d'abord membre, puis trésorier du Cercle de la librairie, il encouragea de tout son pouvoir la fondation d'une bibliothèque et la création d'archives spéciales, dont il offrit spontanément, malgré ses nombreux travaux, de dresser le catalogue raisonné. Se charger d'un tel travail pour une Société qui compte dans son sein, non-seulement un grand nombre d'érudits bibliographes, mais les hommes les plus distingués de la librairie, de l'imprimerie, de la papeterie, dont il sut toujours d'ailleurs garder l'estime et l'affection, c'était à coup sûr faire preuve de zèle et de dévouement avant tout.

Telle fut sa vie, active, laborieuse et dévouée, aimant par-dessus tout son pays, son village, et ne cherchant, sans mesurer ses forces, qu'à s'élever toujours en vue de lui faire honneur. *Nulla dies sine linea* resta, jusqu'à sa fin, comme pour Apelles, la devise qu'il ne démentit pas un seul jour.

En annonçant sa mort aussi douloureuse qu'imprévue, arrivée à Courlandon, l'*Argus Soissonnais* trouva, sous la plume de M. Fossé-Darcosse, des accents vraiment émus, et dans le *Moniteur de la Papeterie* du 15 mars, parlant au nom de ses confrères « atterés de cette mort foudroyante, » M. Amédée Gratiot put dire en toute sincérité : « M. Prioux, véritable fils de ses œuvres, parti d'une position modeste, s'était élevé à une fortune honorable, et nul n'avait su, par l'aménité de son esprit, par la sûreté de ses relations, par la sévère probité de son caractère, s'entourer de plus d'estime et de plus de sympathie. »

Que d'autres sourient de voir un jeune homme, venu à Paris comme simple commis de magasin, se faire, par son seul travail, le chef d'une de nos premières maisons de papeterie, le confrère estimé de MM. Roulhac, Mauban, Gratiot, Boulard, Boichard, etc.; puis, entraîné par une sorte de vocation irrésistible vers l'érudition provinciale, y acquérir un nom et s'y honorer, à juste titre, de la bienveillante amitié de MM. de Saulcy, Alfred Maury, Viollet-Le Duc, Bourquelot, A. Bertrand, etc.; conduit enfin à s'occuper des affaires de son pays, arriver, par son obligeance et son zèle, à pouvoir compter sur la haute et difficile protection de M. Drouyn de Lhuys, de M. Duruy, de M. Desmaze, de M. Castaing, préfet de l'Aisne, etc.: c'est là un spectacle qui peut susciter des envieux, mais que je ne saurais voir d'un œil indifférent, et je crois que j'en puis parler mieux que personne.

Certes, l'ambition a ses dangers, mais l'humilité a aussi ses périls, et de deux hommes dont l'un vise à tout, dont l'autre ne prétend à rien, je ne sais vraiment quel est celui dont l'exemple est le plus profitable ou le plus fortifiant. Il ne faut ni écraser ni se faire écraser. Le monde, toujours dur aux autres, et voulant avant tout qu'on le serve, ne ménage pas plus l'ambitieux qui s'égare que le timide qui s'abaisse.

Seuls les gens de bureau savent être à la fois importants et serviles. Entre le citoyen tranquillement
égoïste qui, pouvant s'élever et préférant à tout son
bien-être, végète dans les rangs inférieurs mais sûrs
de la société, et celui qui, moins bien doué peut-être,
mais plus jaloux d'être utile, se crée des maux pour
faire du bien, l'opinion publique s'est depuis longtemps prononcée, et chacun sans doute redit avec le
poëte, quoique dans un sens différent :

> Video meliora proboque
> Deteriora sequor.

Pour Stanislas Prioux, le mieux était sa maison de
commerce, qui réclamait tous ses soins ; la politique
et l'archéologie ne devaient être que ses passe-temps.
Mais quelles nobles distractions il avait su y puiser !
et s'il a quelquefois franchi la limite de ses moyens
ou de ses forces, qui donc, en présence des grossières
convoitises de ce siècle, oserait lui faire un crime
d'avoir placé trop haut ses vœux et ses désirs ? C'est,
pour ses amis, un exemple, pour ses enfants une leçon
qu'ils tiendront à honneur de suivre, comme j'ai tenu
à honneur de leur présenter sous son vrai jour cette
existence rapide mais bien remplie. Un seul mot doit
tout résumer : Stanislas Prioux était en tout et surtout
un homme de « bonne volonté », chose toujours rare
et toujours respectable ; car, dit un ancien politique,
Paul Sarpi, qui veut par là montrer la nécessité d'encourager les bonnes intentions : « Peu de gens ont le

pouvoir de faire du bien, mais tous sont capables de nuire. »

Puissent donc les livres de Stanislas Prioux, en se dispersant, communiquer à ceux qui les vont recueillir son amour de l'histoire et son zèle pour la France.

JEAN WALLON.

BIBLIOGRAPHIE

DES TRAVAUX DE STANISLAS PRIOUX.

1846.—HISTOIRE DE BRAINE, 1 vol. in-8, 350 pages, orné de quatre gravures sur acier, par M. Jules Roze. *Paris*, Dumoulin.

1847.—GRÉGOIRE DE TOURS AU CONCILE DE BRAINE, broch. in-8, 40 pages. *Paris*, Sagnier et Bray.

1853.—PIERRE MAUCLERC ET LA MAISON DE DREUX ET DE BRAINE, étude sur le moyen âge, 1 vol. gr. in-8, 424 p. *Paris*, Didier. (N'a pas été publié.)

SAINT HUBERT, apôtre des Ardennes, 1 vol. in-18, 108 p. *Paris*, Eugène Belin.

1855.—LA FRANCE ET L'ANGLETERRE AU MOYEN AGE.—BATAILLE DE BOUVINES, broch. in-8, 72 p. *Soissons*, Fossé-Darcosse.

1856.—LA VILLA BRENNÁCUM, étude historique, 1 vol. in-18, 108 p. *Paris*, Dumoulin. (Ouvrage couronné par l'Académie des Inscriptions et Belles-Lettres.)

1857.—MATTHIEU HERBELIN, religieux prémontré, broch. in-8, 32 p. *Paris*, Dumoulin.

1859.—CLAUDE-ROBERT JARDEL, bibliographe et antiquaire, broch. in-8, 44 p. *Paris*, Dumoulin.

MONOGRAPHIE de l'ancienne abbaye royale de Saint-Yved de Braine, in-fol. de 104 p. avec 27 pl., dont 67 dessins en chromo-lithographie, 9 en lithographie et 12 gravées sur acier. *Paris*, Didron. (Ouvrage couronné par l'Académie des Inscriptions et Belles-Lettres.)

1860.—LE CHATEAU DE LA FOLIE ET LE VILLAGE DE CERSEUIL, broch. in-8, 32 p. *Paris*, Dumoulin.

LA VILLA D'ANCY ET LA CENSE DE BRUYÈRES, broch. in-8, 24 p. et 4 pl. *Paris*, Didier et Cie.

1861.—La Butte des Croix, tumulus de Limé transformé en gibet; extrait de la *Revue archéologique.* Broch. in-8, 16 p. avec 1 pl. et 4 dessins sur bois. *Paris,* Didier et Cie.

1862.—La Civitas Suessionum, ou Mémoire pour servir d'éclaircissement à la carte des *Suessiones;* gr. in-4° avec carte en couleur. (Ouvrage couronné par l'Académie des inscriptions et belles-lettres.) *Paris,* Didier et Cie.

1863.—Répertoire archéologique de l'arrondissement de Soissons. — Canton de Braine. — Broch. in-8, 72 p. *Soissons.*

1864.—Découverte du cimetière gallo-romain de l'ancien vicus d'Ancy, broch. in-8, 12 p. avec carte. *Paris,* Paul Dupont.

Recherches sur le capitaine Nicolas de Rieux, gouverneur de Marle, Pierrefonds et Laon. (Extrait du *Bulletin de la Société archéologique* de Soissons.) Broch. in-8, 16 p. *Laon,* de Coquet et Stenger.

Les antiquités de Bazoches. (Extrait du *Bulletin de la Société archéologique* de Soissons.) Broch. in-8. 12 p. *Laon,* de Coquet.

Notice historique et archéologique sur l'église romane du prieuré conventuel de Saint-Thibault de Bazoches. (Extrait de la *Revue archéologique.*) Broch. in-8, 36 p. avec 4 pl. et 4 dessins sur bois.

Communications sur le sieur de Rieux, ligueur, et sur la réhabilitation de sa mémoire par Henri IV. Lecture faite à la Sorbonne. (Extrait du *Bulletin des Sociétés savantes.*) Broch. in-8, 13 p.

1865.—Notice sur une chasuble du xiie siècle, dite chasuble du miracle. Lecture faite à la Sorbonne. (Extrait du *Bulletin des Sociétés savantes.*) Broch. in-8, 7 p.

Le Cartulaire de l'abbaye de Saint-Yved de Braine, 1 vol. in-4° de 250 p. avec tables, préface et notice; ouvrage resté inachevé.

Outre les publications qui précèdent et dont j'ai tâché de rendre a liste aussi complète que possible, Stanislas Prioux avait fait, aux diverses Sociétés dont il était membre, de nombreuses lectures qui ont été insérées dans les *Bulletins* de ces Sociétés. En voici la désignation. Plusieurs, comme on le verra aisément, font double emploi avec celles qui précèdent; mais en matière de Bibliographie, l'excès n'est pas trop.

Revue Archéologique.

T. II, juillet 1860. — MONUMENTS POPULAIRES de Notre-Dame de Liesse, p. 53.

novembre. — MOSAÏQUE GALLO-ROMAINE DE REIMS, p. 434.

T. III, février 1861. — LA BUTTE DES CROIX OU TUMULUS DE LIMÉ, p. 129.

T. VII, janvier 1863. — LES JOYAUX DE M. SAINT-QUENTIN. Inventaire en dialecte picard de 1399, p. 65.

T . X, octobre et décembre 1864. — NOTICE sur l'église romane de Saint-Thibault de Bazoches, p. 241 et 474.

T. XIII, mars 1866. — SÉPULTURE DE LA FIN DU IVe SIÈCLE à Quincy-sous-le-Mont, p. 208.

NOUVELLES ARCHÉOLOGIQUES, *passim*, signées S. P.

Bulletins de la Société Archéologique, Historique et Scientifique de Soissons.

T. X, 6 octobre 1856. — NOTICE sur Matthieu Herbelin, p. 214.

4 novembre 1856. — Admission de S. Prioux dans la société. Il offre un spécimen de clefs des XVe et XVIe siècles, dessiné par Jules Roze, p. 238.

T. XI, août 1857. — NOTICE sur Raoul de Presles, p 86.

9 novembre 1857. — LISTE des membres de l'académie de Soissons en 1757, p. 130.

T. XII, 1er février 1853. — DONS A LA PATRIE en 1789. — Envois faits par les églises et abbayes du Soissonnais, p. 19.

Bulletins de la Société Académique de Laon.

BIBLIOTHEQUE NATIONALE DE FRANCE

3 7502 010487157

www.ingramcontent.com/pod-product-compliance
Lightning Source LLC
Chambersburg PA
CBHW061128050726
47594CB00005B/2138